KB143515

하루 한 줄 마음챙김 일기

Q&A 365 DIARY

52-Week Mental Health Journal

: *Guided Prompts and Self-Reflection to Reduce Stress and Improve Wellbeing by Cynthia Catchings*

하루 한 줄 마음챙김 일기

Q&A 365 DIARY

52-Week Mental Health Journal

신시아 캐칭스 지음 ✦ 정지현 옮김

현대
지성

✦ 첫 번째 추천의 글

우리는 스트레스 없이 살아가기를 희망합니다. 안타깝게도 그것은 불가능한 사실에 가깝지요. 스트레스에 대응하며 살아가는 것이 인간의 생존 방식이기 때문입니다. 하지만 사방에서 야금야금 밀려와 빠져나가기는커녕 더 많이 쌓이기만 하는 스트레스에 압도당할 위험에 처한 것이 현대인의 현실입니다. 이럴 때 어떻게 대처하면 좋을까요?

너무 많은 것이 쌓여 있는 책상을 정리하지 못해 난감해하던 아이가 있었습니다. 저는 "손을 뻗어볼래? 반원을 그려봐"라고 제안했지요. "이 정도는 할 수 있겠지?" 고개를 끄덕인 아이는 자기 팔 길이 만큼 치웠습니다. 그리고 다음 날은 또 그만큼을 치우고, 그다음 날에 또 치우고…. 며칠 지나지 않아 책상은 말끔해졌습니다.

해볼 만하다고 여기는 것이 갖는 시너지였습니다. 스트레스에 대한 대처도 그렇습니다. 압도당하고 도저히 빠져나갈 수 없다고 생각될 때, 모든 것을 던지고 한 번에 털어버려야만 끝난

다고 여기기보다, 오늘 하루 내가 할 수 있을 것 같은 아주 작은 실천을 반복해보는 것입니다.

이 책은 매일 한 장씩 쓰는 다이어리 형식입니다. 회복탄력성, 인간관계, 생활습관, 목적의식이란 네 가지 카테고리가 균형 있게 나뉘어 제시됩니다. 복잡했던 생각과 감정이 매일 반 페이지 정도 글을 쓰면서 정리됩니다. 그리고 실천과 자기성찰로 이어지지요. 가장 좋은 점은 매일 무얼 쓸까 고민하지 않아도 된다는 것입니다. 이 책이 안내하는 대로 일기를 쓰다 보면 어느새 스트레스를 극복하는 좋은 마음 습관이 자리 잡을 것입니다. 부담 없이, 매일 조금씩.

하지현 | 정신건강의학과 전문의
『심야 치유 식당』 저자

✦ 두 번째 추천의 글

저는 끝내 고통을 이겨낸 말의 힘에 매혹됩니다. 아름다운 언어를 통한 마음의 치유는 비용과 시간이 가장 적게 드는 심리 테라피가 아닐지요. 그런 면에서 이 책은 '언어를 통한 치유의 힘'을 다시 한번 절실히 느끼게 만들어줍니다. 하루 한 줄씩만이라도 꾸준히 포기하지 않고 자신의 마음을 돌보고 매만지고 보살피다 보면, 어느새 내 마음이 짐작한 것보다 훨씬 믿음직스럽고 슬기로운 존재임을 깨닫게 될 겁니다. 달력에서 날짜와 요일을 확인해보는 정도의 작은 노력만 이 책에 기울이면, 하루 한 줄 마음챙김의 언어를 통해 매일 강인해지고 지혜로워지는 자신을 발견할 것입니다.

정여울 | 작가, KBS '정여울의 도서관' 진행자
『여행의 쓸모』, 『문학이 필요한 시간』 저자

✦ 이 일기의 활용법

일기는 단순하지만 인생을 바꾸는 강력한 도구입니다

인생의 새로운 시작을 앞둔 당신을 환영합니다! 이 일기를 나눈다는 생각에 무척 설렙니다. 당신이 꿈꿔온 삶을 함께 만들어나갈 수 있으니까요. 저는 심리 치료사이고 공인 인증 자격증을 갖춘 임상 사회복지사이자 가족 트라우마 전문가, 정신 건강 통합 의학 전문가입니다. 그동안 수많은 사람에게 목표를 이루고 인생을 바꾸도록 도움을 주었습니다. 지난 12년 동안 상담 치료와 사회 복지 프로그램을 통해 삶의 목적을 찾으려는 사람들과 함께했습니다. 지금까지 30개국이 넘는 나라를 다니며 감정의 문제에 대처하고 답을 찾고 삶이 변화된 사람들을 보면서 많은 가르침을 얻었지요. 그렇게 해서 모은 값진 통찰과 지식을 이 책에 담았습니다. 이 책이 당신의 삶도 바꿔줄 것이라 굳게 믿습니다.

인생을 바꾼다는 것은 도저히 감당하기 어려운 일처럼 느껴지기도 합니다. 정신 건강은 우리의 생각과 감정, 행동에 큰 영향을 미칩니다. 그래서 정신이나 마음이 건강하지 못하면 변화가 더 두렵게 느껴질 수밖에 없습니다. 스트레스에 대처하거나, 일상의 장애물을 이겨내거나, 사람들과 관계를 맺고 역경과 시련에서 회복하는 것도 어려워지지요. 정신 질환은 유형에 따라 건강에 미치는 영향이 제각각이지만 변치 않는 사실이 있습니다. 마음이 건강하지 않으면 병을 불러온다는 것이지요. 우울증이나 불안증 등을 안고 살아가는 이들이 너무나 흔합니다.

일기 쓰기는 정신 건강을 효과적으로 개선해주는 탁월한 도구입니다. 생각을 정리하고 스트레스를 덜어내고 마음을 뒤흔드는 문제를 직면하게 합니다. 또한 감사한 것들을 돌아보게 하고 마침내 목표를 이루게 해 행복감과 자존감을 높여줍니다.

『하루 한 줄 마음챙김 일기 Q&A 365 DIARY』는 정신 건강에 큰 영향을 미치는 네 개의 영역으로 구성되어 있습니다. 회복탄력성, 인간관계, 생활습관, 목적의식이라는 큰 기둥 아래 매주 자신의 삶을 돌아봅니다. 글을 쓰는 행위와 그 속에서 이루어지는 자기 성찰은 실천을 이끌어냅니다. 일기를 쓰기 시작하고 계속 써나가다 보면, 어느새 삶의 매 순간에 집중하고 내면의 목소리에 귀 기울이는 자신을 만나게 됩니다. 그러다 보면 삶의 구석구석이 분명 전보다 나아질 것입니다.

일기 쓰기는 아주 단순하지만 강력한 인생의 도구입니다. 기억력을 개선하고 기분을 전환하는 효과도 있지요. 처음 시작한 날부터 365일 동안 일기를 쓰면 그 효과를 경험할 수 있습니다. 시작은 꼭 새해 첫날이 아니어도 됩니다. 이 일기를 침대 옆 작은 탁자처럼 눈에 잘 띄는 곳에 두고 혼자 있을 때 써보세요. 매일 정해놓은 시간에 쓰는

게 가장 좋습니다. 어쩌다 시간을 지킬 수 없는 날은 어떻게 할지 미리 대책도 세워보세요. 예를 들어, 매일 잠자기 전에 썼지만 오늘은 미처 그러지 못했다면 다음 날 눈을 뜨자마자 침대에 누운 채로 쓰는 것입니다. 방해받을 염려 없이 오롯이 혼자 있는 공간에서 써야 합니다. 적어도 5분 정도 답을 곰곰이 생각해보는 시간을 가진 다음 쓰세요. 혹시라도 더 길게 쓰거나 더 짧게 써야 한다는 부담감은 전혀 느끼지 마세요. 그냥 매일 쓰기만 하면 됩니다. 솔직한 당신의 이야기를 들려주세요. 모든 걸 내려놓고 그저 나 자신으로만 존재하는 시간이지요. 오늘부터 시작할 여정은 그래야만 진전이 있습니다.

이 일기를 언제든 활용할 수 있다는 사실을 기억하세요. 일기는 내적 성장 과정을 보여줍니다. 이 일기와 함께 당신의 마음이 조금씩 건강해지고 삶에 대한 전반적인 만족감이 커지길 바랍니다.

마음챙김을 위한 네 가지 핵심 영역

지금보다 더 행복해질 당신의 출발을 축하합니다. 이 일기는 늘 꿈꿔왔던 삶을 내 손으로 이루게 해줄 것입니다. 당신의 행복을 끌어올리고 마음이 건강해지도록 도와주기 위해 다음의 네 가지 핵심 영역을 다룹니다.

회복탄력성

마음이 평온하면 회복력도 커집니다. 회복력이 강하면 마음도 건강해져 일상을 힘들게 하는 스트레스에 대처할 수 있지요. 문제가 아예 사라지지는 않아도 한결 침착하게 대처할 수 있습니다. 스트레스를 잘 관리하면 불안감과 우울감이 줄어 더 행복하고 건강한 삶을 꾸릴 수 있답니다.

인간관계

인간은 사회적 동물입니다. 무리 속에서 다른 사람들과 교류하고 도움을 받아야 잠재력을 최대한 발휘할 수 있다는 뜻이지요. 소속감과 건강한 인간관계는 우리의 삶을 지탱하고 살아갈 의미를 제공합니다. 외로움과 사회적 고립이 정신 건강을 크게 해친다는 사실은 과학적으로도 증명되었습니다. 이 영역은 주변 사람들과의 관계를 돈독하게 이어감으로써 스트레스와 불안감, 우울감을 줄이고 자존감과 자기 효능감을 높이는 항목들로 구성되었습니다.

생활습관

몸을 돌보면 마음도 건강해집니다. 건강에 좋은 음식을 먹거나 운동을 하거나 잠을 푹 자는 아주 작은 생활습관의 변화만으로도 몸의 컨디션이 좋아지고 통증도 줄어듭니다. 마음을 돌보는 습관도 마찬가지입니다. 긍정적인 사고로 생각의 틀을 바꾸는 연습을 하면 뇌가 변화합니다. 이 영역은 일상에서 어떤 변화를 원하고 어떻게 바꿔나갈 것인지 생각해볼 기회를 줍니다.

목적의식

목표를 세우고 목적의식을 찾으면 삶이 더 깊어집니다. 가야 할 길이 명확하니 슬픔과 두려움을 느낄 겨를이 없고 의욕과 집중력이 높아집니다. 이 영역은 내 안의 에너지를 모으고 매일 스스로 동기를 부여하는 삶을 만들어줍니다. 세상과 진정으로 소통하는 나만의 시간을 가져보세요.

이 일기는 1년 동안 당신의 정신 건강을 지켜줄 목적으로 고안되었습니다. 만약 심각한 위기 상태이거나 대화 상대가 필요하다면 반드시 병원이나 상담 센터를 방문해 전문 심리 치료사나 상담사의 도움을 받아야 합니다.

위대한 일은 갑작스러운 충동으로
이루어지는 것이 아니라,
느리지만 작은 일들이 여러 번 이어질 때
비로소 이루어진다.

✦

빈센트 반 고흐 Vincent van Gogh

52-Week Mental Health Journal

week 1 년 월 일

Q1.

만약 요술 램프가 3가지 소원을 들어준다면
무슨 소원을 빌고 싶은가요?
다음 날 실제로 소원이 모두 이루어진다면
기분이 어떨지 적어보세요.

년 월 일

Q2.

어제 빌었던 3가지 소원 가운데
내 힘으로 이룰 수 있는 것이 있나요?
있다면 무엇인가요?

week 1 년 월 일

Q3.

무엇을 할 때 가장 행복한지
3가지 정도 적어보세요.
그 일을 얼마나 자주 하고 있나요?

년 | 월 | 일

Q4.

나의 강점은 무엇인지 적어보세요.
그 강점을 어떻게 활용해야
앞으로 나아갈 수 있을까요?

week 1 년 월 일

Q5.

마음을 차분하게 가라앉혀줄
나만의 문장을 써보세요.
스트레스가 심할 때 반복해서
읽어보면 어떨까요?

년 월 일

Q6.

힘든 일이 생길 때마다
나를 일으켜줄 무언가가 있나요?
있다면 무엇인가요?

week 1 년 월 일

Q7.

주말에 자신을 돌보기 위해 하는 일이 있나요?
TV를 보고 잠을 자는 것 외에
어떤 일을 하나요?

week 2 년 월 일

Q1.

한 주 동안 가족이나 친구들과
돈독한 관계를 이어가기 위해
어떤 노력을 했나요?

week 2 년 월 일

Q2.

사랑하는 친구나 연인에게
애정 어린 목소리로 말하듯
나에게 다정한 말투로 편지를 써보세요.

년 월 일

Q3.

이야기를 나누면 기분이 좋아지는
사람의 이름을 떠올려보세요.
3명의 이름을 쓰고 그 이유도 각각 적어보세요.

week 2 년 월 일

Q 4.

그립지만 한동안 연락하지 못했던 사람을 떠올려보세요. 선뜻 연락하지 않은 이유는 무엇인가요? 서로 불편하지 않게 다가갈 방법이 있을까요?

년 월 일

Q5.

가장 최근에 친구와 재미있게 놀았던 적은 언제인가요? 그날 무엇을 했나요? 그 친구와 보내는 시간이 즐거운 이유는 무엇인가요?

week 2 년 월 일

Q 6.

고마운 마음을 담아 두 친구에게 편지를 써보세요.
여기에 먼저 쓰고 편지지에 옮겨 적거나
이메일로 전달하세요.

년 월 일

Q7.

좋아하는 사람들과 앞으로 일주일 동안
할 수 있는 일을 하루하루 적어보세요.

week 3 년 월 일

Q1.

꼭 바꾸고 싶은 생활습관이 있나요?
왜 바꾸고 싶은가요? 만약 바꿀 수 있다면
어떻게 바꾸고 싶은지도 함께 적어보세요.

년 월 일

Q2.

어제 기록한 답을 다시 읽으면서
실제로 변화를 이끌어낼 방법을 생각해보세요.
변화를 위해 가장 먼저 해야 할 일은 무엇일까요?

week 3 년 월 일

Q3.

어떻게 해야 몸을 잘 돌본다고 할 수 있을까요?
그중에서 지금 실천하고 있는 일이 있나요?

년 월 일

Q4.

내 스트레스의 원인은 무엇일까요?
근본적인 원인을 없애거나 강도를 줄이기 위해
무언가를 시도해본 적이 있나요?

week 3 년 월 일

Q5.

스트레스가 아주 심했던 때를 떠올려보세요.
그때 신체적·정신적으로 어떤 증상을 경험했나요?

년 월 일

Q 6.

평소 스트레스 해소를 위해 하는 일을 적어보세요.
그 일을 하고 나면 기분이 어떤가요?

week 3 년 월 일

Q7.

편안한 자세로 자리에 앉아 눈을 지그시 감고
마음의 눈으로 온몸을 훑어보세요.
감각이 느껴지는 곳이 있으면 잠시 멈추고 집중해
보세요. 이렇게 몸을 살피니 어떤 기분이 드나요?

week 4 년 월 일

Q1.

52주 동안 일기를 쓰면서
이루고 싶은 것은 무엇인가요?

week 4 년 월 일

Q2.

어제 떠올린 목표를
이루는 방법을 적어보세요.

년 월 일

Q3.

어릴 때 커서 어떤 사람이 되고 싶었나요?
꿈을 이루었나요?
만약 이루지 못했다면 그 이유는 무엇인가요?

week 4 년 월 일

Q 4.

목표를 이루지 못하게
나를 막는 걸림돌은 무엇인가요?
반대로 동기를 부여하는 것은 무엇인가요?

년 월 일

Q5.

무엇이든 될 수 있다면 어떤 직업을 갖고 싶나요?
어디에서 무슨 일을 하고 싶나요?

week 4 년 월 일

Q 6.

타임머신이 있다면 과거로 가고 싶나요,
미래로 가고 싶나요?
그곳으로 가서 무엇을 할 건가요?

년 월 일

Q7.

다음 주의 목표는 무엇인가요?
다음 주를 기다리면서 할 수 있는 일은
무엇이 있나요?

week 5 년 월 일

Q1.

걱정거리를 적으세요.
그 걱정을 여기에 두고 간다고 상상하세요.
시간이 흘러 걱정이 사라졌을 때
이 페이지로 돌아와 다시 읽어보세요.

년 월 일

Q2.

'평화'나 '행복' 같은 긍정적인 단어를 떠올려보세요.
하루 중에 그 단어와 잘 어울리는 순간이 있었나요? 언제였나요?

week 5 년 월 일

Q3.

호흡으로 불안과 스트레스를 줄일 수 있습니다.
넷을 셀 때까지 숨을 들이마시고 일곱을
셀 때까지 멈추었다가 여덟을 셀 때까지 내쉬세요.
이렇게 호흡을 해보니 어떤 느낌이 들었나요?

년 월 일

Q4.

마음에 드는 나의 신체적 특징 3가지와
성격적 특징 3가지는 무엇인가요?

week 5 년 월 일

Q5.

힘든 상황을 이겨낸 경험을 적어보세요.
지금은 어떤 기분이 드나요?

년 월 일

Q6.

사람들과 관계를 잘 쌓을수록
회복력도 커집니다.
누군가와 연결되고 좀 더 사교적인 성격이 되기
위해 오늘 할 수 있는 일은 무엇이 있을까요?

week 5 년 월 일

Q7.

긴장을 풀고 느긋하게 휴식을
취하는 것도 나를 돌보는 일입니다.
어떻게 하면 집 안에 조용한 재충전의
공간을 마련할 수 있을까요?

week 6 년 월 일

Q1.

누군가와 함께하는 일 중에서 내게 완전한 몰입감과 행복을 주는 일은 무엇인가요? 그 일을 할 때 행복한 이유를 써보세요.

week 6 년 월 일

Q2.

누군가와 완벽히 이어진 적이 있나요?
어떤 상황이었고, 어떤 감정을 느꼈나요?

년 월 일

Q3.

사랑하지만 한동안 만나지 못한 사람들을 떠올려보세요. 관계를 회복할 방법이 있을까요? 상대에게 꼭 맞는 좋은 아이디어를 적어보세요.

week 6 년 월 일

Q 4.

싫은 마음을 꾹 누르고 마지못해 갔던
장소나 모임에서 내 인생의 전환점이 되었던
사람을 만난 적이 있나요?
그 경험을 적어보세요.

년 월 일

Q5.

지금까지 들어본 최고의 칭찬은 무엇인가요?
그 칭찬을 들었을 때 기분이 어땠나요?

week 6 년 월 일

Q 6.

친구나 사랑하는 사람과 함께하며
좋았던 기억을 3가지 적어보세요.
그 기억이 특별한 이유는 무엇인가요?

년 월 일

Q7.

짧은 편지를 보내고 싶은 사람을 떠올려보세요.
누구라도 좋습니다.
하고 싶은 말을 이곳에 먼저 쓰고
카드나 편지지에 옮겨 적어서 보내세요.

week 7 년 월 일

Q1.

평소 나를 돌보기 위해 하는 일을
3가지 적어보세요.
일주일에 적어도 3번은 하나요?
할 때마다 체크 표시를 해보세요.

1)

☐☐☐

2)

☐☐☐

3)

☐☐☐

년 월 일

Q2.

집 안에 스트레스 해소를 위한 나만의 작은 공간이
있으면 기분 전환에 큰 도움이 됩니다.
어떻게 하면 그 공간을 만들 수 있을까요?

week 7 년 월 일

Q3.

몸과 마음의 건강을 챙기는 방법을
5가지 적어보세요.
어떻게 하면 우선순위에 두고
실천할 수 있을까요? 언제부터 시작할 건가요?

년 월 일

Q4.

행복해지는 습관을 기르려면
노력과 실천이 필요합니다.
내일 더 행복해지기 위해 오늘부터
시작할 수 있는 습관은 무엇이 있을까요?

week 7 년 월 일

Q5.

필요 이상으로 걱정하며 마음을 졸였지만
일이 만족스럽게 잘 풀렸던 경험을 떠올려보세요.
그때 어떻게 했다면 지나친 걱정에
사로잡히지 않았을까요?

년 월 일

Q 6.

나의 생활공간을 사랑하는 방법을
5~10가지 떠올려보세요.
무엇을 하거나 무엇을 바꾸면 될까요?
실행에 옮길 순서도 정해보세요.

week 7 년 월 일

Q7.

어제 쓴 일기를 읽어보세요.
어제 마음먹은 일을 시작하고 끝내기 위해
오늘 할 수 있는 일에는 무엇이 있을까요?
무엇이 당신을 움직이게 하나요?

week 8

년 월 일

Q1.

지금까지 살면서 성취한 일들을 떠올려보세요.
미처 이루지 못한 것 중에서
지금도 여전히 이루고 싶은 목표가 있나요?
이루지 못했던 이유를 적어보세요.

week 8 년 월 일

Q2.

어제 쓴 일기를 읽어보세요.
목표를 작은 과제로 나누어 매주 조금씩
이룰 수 있도록 타임라인을 짜보세요.

년 월 일

Q3.

직업과 관련해 여전히 이루고 싶은 꿈이 있나요?
그 꿈을 현실로 만들기 위해 내디뎌야 할
첫걸음은 무엇인가요?

week 8 년 월 일

Q4.

이번 주에 다른 도시나 지역을 방문한다면
어디에 가고 싶나요? 가서 무엇을 하고 싶나요?

년 월 일

Q5.

3년 후의 나에게 편지를 써보세요.
그때의 내가 이루게 될 일을 축하해주세요.
무슨 일을 이루었는지 구체적으로 적어보세요.

week 8 년 월 일

Q 6.

즐거움을 주지만 최근에는
하지 못했던 일을 4가지 적어보세요.
앞으로 4주 동안 일주일에 하나씩
할 수 있도록 계획을 세워보세요.

년 월 일

Q7.

어떻게 하면 시간을 제대로 관리해
다음 주 목표에 집중할 수 있을까요?

week 9 년 월 일

Q1.

내가 생각하는 완벽한 아침은 어떤 풍경인가요?
어떻게 준비하면 매일 완벽한 아침을
맞이할 수 있을까요?

년 월 일

Q2.

좋아하는 노래를 5곡 적으세요.
각각의 노래가 주는 느낌을 설명해보세요.

week 9 년 월 일

Q3.

최근에 불안했거나 슬펐던 경험을 떠올려보세요.
그 감정이 지나간 뒤 어떤 배움을 얻었나요?

년 월 일

Q 4.

마음에 평화와 행복을 가져다주는 일이 있나요?
무슨 일이고 어떤 느낌인가요?

week 9 년 월 일

Q5.

가장 좋아하는 색깔은 무엇인가요?
눈을 감고 그 색깔로 된 물건을 떠올려보세요.
눈을 뜨고 지금의 기분을 적으세요.

년 월 일

Q 6.

산이나 바닷가에서 떠오르는 해를
바라본다고 상상해보세요.
무슨 소리가 들리고
어떤 감각이 느껴지나요?

week 9 년 월 일

Q7.

부정적인 일을 헤쳐 나갈 때 어떤 방법을 활용하나요? 운동, 긍정적인 생각 하기 등 평소에 주로 활용하는 방법을 적고 다른 유용한 전략도 생각해보세요.

week 10 년 월 일

Q1.

사랑하는 사람들이 한자리에 모이는 행사를 직접 개최한다면 누구를 초대해 무엇을 하고 싶은지 적어보세요.

week 10 년 월 일

Q2.

나와 가장 친한 친구는 누구인가요?
그 친구의 어떤 점이
내 기분을 좋게 해주나요?

년 월 일

Q3.

나에게 긍정적인 영향을 미친
사람을 10명 떠올려보세요.
그 사람이 어떤 영향을 주었는지
이름과 함께 적어보세요.

week 10 년 월 일

Q 4.

오늘이나 내일, 타인에게 친절을
베풀 방법이 있을까요?
친절을 베풀면 내 기분은 어떨까요?

년 월 일

Q5.

버킷리스트에서 혼자가 아닌 다른 사람과
함께할 수 있는 일이 있나요?
그중 어떤 일을 누구와 같이 하고 싶나요?

Q 6.

만약 복권에 당첨된다면
누구를 위해 쓰고 싶나요?
그 사람을 위해 무엇을 하고 싶나요?

년 월 일

Q7.

다음 주에 직장 동료나 친구, 가족을
도울 일이 있나요?
그들을 도와주면 어떤 기분이 들까요?

week 11 년 월 일

Q1.

건강에 좋은 음식 중에 특히 좋아하는 것을
3가지 적어보세요.
그 음식을 얼마나 자주 먹나요?

년 월 일

Q2.

나의 생활습관은 얼마나 건강한지
1~10의 점수로 평가해보세요.
점수를 올리려면 어떤 변화가 필요할까요?

①	②	③	④	⑤	⑥	⑦	⑧	⑨	⑩

week 11 년 월 일

Q3.

하루를 보낸 나에게 어떤 보상을 주나요?
그 보상이 효과적인가요?

년 월 일

Q4.

1분 동안 눈을 감고 가장 좋아하는
장소를 떠올려보세요.
그 장소가 주는 감정을 적어보세요.

week 11 년 월 일

Q5.

가장 컨디션이 좋은 때는 하루 중 언제인가요?
보통 그때 무엇을 하나요?

년 월 일

Q 6.

좋아하는 건강 음료가 있나요?
어떻게 하면 그 음료를 일상에서 더 자주
즐겨 마실 수 있을까요?

week 11 년 월 일

Q7.

스트레스를 받을 때, 기분 전환이 되는
긍정적인 행동 3가지를 적어보세요.

week 12 년 월 일

Q1.

이번 주에 할 일과 목표를 적어보세요.
목표 달성에 도움이 되도록
할 일의 우선순위를 정해보세요.

week 12 년 월 일

Q2.

요즘 나의 목표를 달성하는 데
동기를 부여하는 것은 무엇인가요?

년 월 일

Q3.

목표를 이루지 못하면
어떤 기분이 드나요?

week 12 년 월 일

Q4.

목표를 이루지 못하도록 하는 제약이나
방해 요소는 무엇인가요?

년 월 일

Q5.

어제 일기에 기록한 부정적인 생각을
없애거나 줄여줄 긍정적인 생각과
행동은 무엇인가요?

week 12 년 월 일

Q 6.

매일 포기하지 않고 앞으로 나아갈
힘을 주는 3가지는 무엇인가요?

년 월 일

Q7.

내가 생각하는 성공한 삶이란
무엇인가요?

week 13 년 월 일

Q1.

들으면 마음이 차분하게 가라앉는 노래가 있나요?
어떤 내용이나 선율의 노래인가요?

년 월 일

Q2.

큰 시련을 겪었을 때 다시 일어나게
도와주는 것 7가지를 적어보세요.

week 13 년 월 일

Q3.

사랑하는 가족이나 친구로부터 듣고
싶은 말을 3가지 적어보세요.
그 말이 오늘 나에게 어떤 힘을 주나요?
자신에게 직접 그 말을 건네보세요.

년 월 일

Q 4.

힘든 일이 닥쳤지만 굳세게 맞섰고,
다 지나간 후 한결 강해진 느낌이
들었던 경험을 적어보세요.

week 13 년 월 일

Q5.

어떤 날씨에 기분이 좋아지나요?
그런 날에는 밖에서 무엇을 하고 싶나요?

년 월 일

Q 6.

어린 시절 행복했던 기억을
하나 적어보세요.

week 13 년 월 일

Q7.

방 안을 둘러보고 좋은 기억을
떠오르게 하는 물건을 찾아보세요.
그 기억은 어떤 것인가요?

week 14 년 월 일

Q1.

친구들과 함께했을 때
즐거운 일은 무엇인가요?

week 14 년 월 일

Q2.

작년에 사랑하는 사람과의
가장 좋았던 추억은 무엇인가요?

년 월 일

Q3.

친구나 가족의 존경스러운 점을
3가지 적어보세요.
존경스러운 이유는 무엇인가요?

week 14 년 월 일

Q4.

도움이 필요할 때 가장 먼저 찾는
사람은 누구인가요?
그 사람이 어떤 도움을 주었나요?

년 월 일

Q5.

친구나 주변 사람에게 받은 조언 중
가장 좋았던 것은 무엇인가요?
그 조언을 따랐나요? 결과가 어땠나요?

week 14 년 월 일

Q 6.

가장 친한 친구는 나를 신체적, 정신적,
감정적으로 어떻게 묘사할까요?

년 월 일

Q7.

이번 주에 나에게 친절했던 사람은 누구인가요?
어떻게 하면 나도 그 사람에게
친절을 베풀 수 있을까요?

week 15 년 월 일

Q1.

시간이 날 때마다 심호흡이나 스트레칭을 하면 정신이 맑아지고 몸도 가뿐해집니다.
가정이나 직장에서 매일 2~3회씩 할 수 있는 신체 활동을 5가지 적어보세요.

년 월 일

Q2.

자세가 올바른지 살펴보고
허리를 꼿꼿하게 펴보세요.
그리고 심호흡을 하세요.
기분이 어떤가요?

week 15 년 월 일

Q3.

가장 최근에 하루에 물 8잔을
마신 날이 언제인가요?
어떻게 하면 매일 그렇게 할 수 있을까요?

년 월 일

Q 4.

지난 사흘 동안 잠을 잘 잤는지 생각해보세요.
숙면을 위해 어떤 변화가 필요할까요?

week 15 년 월 일

Q5.

저녁 루틴은 숙면을 도와줍니다.
푹 자고 개운한 아침을 맞이하게 해주는
저녁 루틴을 세워보세요.

년 월 일

Q6.

잠에서 깼을 때 행복한 기분이 들거나
기운을 샘솟게 하던 꿈이 있나요?

week 15 년 월 일

Q7.

물, 차, 주스, 커피 중에 무엇이 좋은가요?
그 이유는 무엇인가요?
마시면 어떤 기분이 드나요?

week 16 년 월 일

Q1.

이번 주 목표를 세워보세요.
일찍 잠들기, 물 많이 마시기 등
아주 간단한 목표도 좋습니다.

week 16 년 월 일

Q2.

사람은 타인을 행복하게 해주는 일에서
기쁨을 느낍니다.
그런 일이 삶의 목적을 찾아주기도 하지요.
현재 내 삶의 목적은 무엇인가요?

년 월 일

Q3.

집 안에 하루를 계획하고 정리하는
나만의 공간을 만든다면 어떤 모습일까요?

week 16 년 월 일

Q4.

만약 복권에 당첨된다면 내 인생은 어떻게 달라질까요? 내 삶의 목표도 달라질까요? 같다면 어떤 점에서 똑같을까요?

년 월 일

Q5.

요술 램프에 소원을 하나 빌 수 있다면
더 행복한 삶을 위해 어떤 소원을 빌고 싶나요?
그 소원이 나를 행복하게 해주는
이유는 무엇인가요?

week 16 년 월 일

Q6.

이번 주의 남은 시간 동안 가장 중요한
목표 3가지는 무엇인가요?
어떻게 하면 이룰 수 있을까요?

년 월 일

Q7.

직업이나 취미에서 내가 즐거움을 느끼는
포인트를 3가지 꼽아보세요.
그것이 즐거움을 주는 이유는 무엇인가요?

week 17 년 월 일

Q1.

눈을 감고 심호흡하면서
특정 나이였을 때를 떠올려보세요.
그 나이였을 때 가장 먼저 떠오르는
기억을 적어보세요.

년 월 일

Q2.

이번 주말에 산이나 바다에 갈 수 있다면
어디에 갈 건가요? 그 이유는 무엇인가요?

week 17 년 월 일

Q3.

과거를 바꿀 수 있는 힘이 있다면
무엇을 바꾸고 싶은가요?
그러면 현재가 어떻게 달라질까요?

년 월 일

Q4.

어떤 날씨일 때 기분이 차분해지나요?
햇볕이 쨍쨍한 날? 소나기가 내리는 날?
그 날씨가 주는 차분한 느낌을 적어보세요.

week 17 년 월 일

Q5.

스스로에게 좋은 기분을 느끼게 해주는
노래를 10곡 적어보세요.

년 월 일

Q6.

현재 내 인생에서 순조롭게 풀리고 있는 일은 무엇인가요? 그래서 어떤 기분인가요?

week 17 년 월 일

Q7.

다음 주에 할 수 있는 즐거운 일을
5가지 적어보세요.
그리고 실제로 다음 주 일정에 넣어보세요.

week 18 년 월 일

Q1.

행복감과 살아 있는 기분을 느끼게
해주는 사람이 있나요?
그 사람의 어떤 부분이 그런 기분을
느끼게 하나요?

week 18 년 월 일

Q2.

가장 친한 친구를 위해 파티를 연다면
어떤 콘셉트가 좋을까요?
특별한 이유가 있나요?

Q3.

가장 좋아하는 나라로 떠나는
2인 티켓에 당첨되었다고 상상해보세요.
누구와 같이 가고 싶나요?
그 이유는 무엇인가요?

week 18 년 월 일

Q 4.

사람들과 어떤 대화를 나눌 때
혼자가 아니라는 생각이 드나요?

년 월 일

Q5.

우리 동네에서 사람들이 많이 모이는
장소 가운데 가장 좋아하는 2곳을 적어보세요.

week 18 년 월 일

Q 6.

어떤 콘서트에 가보고 싶나요?
그 콘서트를 관람하면 기분이 좋을 것
같은 이유는 무엇인가요?

년 월 일

Q7.

가장 가까운 친구나 가족을 설명하는
긍정적인 단어를 5가지 적으세요.
단어를 보면서 그 사람이
좋은 이유를 생각해보세요.

week 19 년 월 일

Q1.

밖으로 나가거나 창밖으로 하늘을
몇 분 동안 올려다보세요.
무엇을 보았고 어떤 기분을 느꼈는지 적어보세요.

년 월 일

Q2.

지금 이 순간 나를 어떻게 생각하나요?
내가 원하는 모습의 나와 비교했을 때
지금의 나는 어떤가요?

week 19 년 월 일

Q3.

만약 내가 프로 운동선수라면
어떤 종목의 스포츠를 하고 있을까요?
그 운동을 하려면 어떤 건강한 습관이 필요한가요?

년 월 일

Q4.

가장 최근에 한 산책이나
등산, 달리기를 떠올려보고
당시 어떤 기분을 느꼈는지 적어보세요.

week 19 년 월 일

Q5.

영양과 운동에 관한
나의 생각을 적어보세요.

년 월 일

Q6.

음식을 떠올릴 때 어떤 감정을 느끼나요?
그 감정을 바꾸고 싶은가요?

week 19

년 월 일

Q7.

내가 생각하는 가장 건강한 하루는
어떤 모습인가요?
하루의 시작부터 끝까지 자세하게 묘사해보세요.

week 20 년 월 일

Q1.

최근에 친구나 가족의 기분을
좋게 해주려고 노력한 적이 있나요?
이유가 무엇인가요? 없다면 왜 그런가요?

week 20 년 월 일

Q2.

다른 사람을 행복하게 해주기 위해
내가 할 수 있는 의미 있는 일 10가지를 적어보세요.

년 월 일

Q3.

세상을 떠난 뒤에 어떤 사람으로
기억되고 싶나요?

week 20 년 월 일

Q 4.

돈과 건강 중에 하나만 선택한다면
무엇을 선택할 건가요? 그 이유는 무엇인가요?

년 월 일

Q5.

이번 주에 성취감을 느끼기 위해
할 수 있는 3가지 과제 또는 활동으로는
무엇이 있을까요?

week 20 년 월 일

Q 6.

지금까지 이룬 가장 큰 일은 무엇인가요?
그것이 가장 큰 성취라고 생각하는
이유는 무엇인가요?

년 월 일

Q7.

이번 주말에 친구나 가족과 함께 가고 싶은
미술관이나 박물관은 어디인가요?
누구와 가고 싶나요?

week 21 년 월 일

Q1.

속상할 때 마음을 가라앉혀주는
물건이나 소리, 행동을 5가지 적어보세요.
앞으로 어떻게 하면 이것들을 좀 더
의식적으로 활용할 수 있을까요?

년 월 일

Q2.

하루 동안 핸드폰을 쓸 수 없다면
어떤 활동에 집중하고 싶은가요?

week 21 년 월 일

Q3.

타이머를 3분으로 설정하고
가만히 앉아 있어보세요.
3분 동안 무슨 생각을 했는지 적어보세요.

년 월 일

Q4.

기분 전환에 도움이 되는 활동은 무엇인가요?
그 일을 하고 난 뒤에 느끼는 기분을
적어보세요.

week 21 년 월 일

Q5.

호숫가나 바닷가에 앉아 있다고 상상하세요.
보이는 것, 들리는 것, 냄새, 느낌을
전부 적어보세요.

년 월 일

Q6.

다음 문장을 완성해보세요.

나는 오늘 내가 자랑스러웠다. 왜냐하면

week 21 년 월 일

Q7.

두려웠지만 계속 앞으로
나아갔던 경험을 적어보세요.

week 22 년 월 일

Q1.

직장 동료나 같은 반 친구, 지인과 함께하면
즐거운 일은 무엇인가요?

week 22 년 월 일

Q2.

공동체나 지역사회에 어떤 방법으로
참여하고 싶은가요?

년 월 일

Q3.

친한 친구와 바닷가를 거닐 때
어떤 주제로 이야기를 나누고 싶은가요?

week 22 년 월 일

Q4.

나의 첫 단짝 친구는 누구인가요?
함께했던 추억을 하나만 적어보세요.

년 월 일

Q5.

가장 최근에 극장에서 본 영화는 무엇인가요?
어떤 점이 좋았나요?

week 22 년 월 일

Q 6.

초등학교를 다닐 때 즐거웠던 추억을
하나만 떠올려보세요.

년 월 일

Q7.

판타지 세계로 갈 수 있다면
누구와 같이 가서 무엇을 하고 싶나요?

week 23 년 월 일

Q1.

배우고 싶은 외국어가 있나요?
그 이유는 무엇인가요?
그 언어를 연습하기 위해 어디로 갈 건가요?

년 월 일

Q2.

기분이 좋아지는 TV 프로그램은 무엇인가요?
좋아하는 이유가 무엇이고
볼 때 어떤 기분이 드는지 적어보세요.

week 23 년 월 일

Q3.

어디든 갈 수 있는 유람선 티켓이
생긴다면 어디로 가고 싶나요?
유람선에서 무엇을 하면 즐겁고 기분이 좋을까요?

년 월 일

Q4.

건강하게 생활하고 있다고 느낀 적이 있나요?
당시에 어떤 방법으로 스스로를 돌보았나요?

week 23 년 월 일

Q5.

옷장 속 가장 좋아하는 옷 3가지를 적어보세요.
그 옷을 입을 때 어떤 기분이 드나요?

년 월 일

Q 6.

평소 어떤 사진을 제일 많이 찍나요?
그 이유는 무엇인가요? 만약 비싼 카메라를
선물 받는다면 다른 사진을 찍을 건가요?
그렇다면 무엇을 카메라에 담고 싶은가요?

week 23 년 월 일

Q7.

정신없이 바쁜 한 주를 보내고 주말에
어떤 방법으로 자신을 보살피는지 적어보세요.

week 24 년 월 일

Q1.

5년 후의 나에게 편지를 써서
5년 후에 이룬 3가지 목표에 관해
이야기해보세요.

week 24 년 월 일

Q2.

지금까지 이룬 가장 중요한 일을 떠올려보세요.
그때 느껴지는 감정을 적어보세요.

년 월 일

Q3.

오늘 감사한 일은 무엇인가요?

week 24 년 월 일

Q4.

지구처럼 자유롭게 숨 쉴 수 있는
외계 행성에 간다면 무엇을 할 건가요?
그곳에는 무엇이 있을까요?

년 월 일

Q5.

돈이 아무런 문제가 되지 않는다면
무엇에 인생을 걸고 싶나요?
그렇게 하면 누구에게 좋을까요?

week 24 년 월 일

Q 6.

인생에 가장 큰 영향을 준
고등학교 선생님께 감사 편지를 써보세요.
연락할 수 있는 상황이라면
편지지에 옮겨 써서 부쳐보세요.

년 월 일

Q7.

꿈에 그리던 직업을 갖게 되어
다른 곳으로 이사를 가게 되었습니다.
어떤 직업이고 어느 지역일까요?

week 25 년 월 일

Q1.

힘든 일이 생겼을 때 사용하는
나만의 전략을 5가지 적어보세요.

년 월 일

Q2.

무서운 것을 마주할 때
마음속에 드는 기분을 적어보세요.

week 25 년 월 일

Q3.

두렵거나 막막한 상황일 때 확신을 얻고
앞으로 나아가는 방법은 무엇인가요?

년 월 일

Q4.

보통 어떤 상황이나 사건 앞에서
짜증이 나고 신경이 거슬리나요?
그럴 때 드는 생각을 적어보세요.

week 25 년 월 일

Q 5.

유난히 힘들었던 날 어떤 감정을 느꼈나요?
그때 기분을 나아지게 해준 것은 무엇인가요?

년 월 일

Q 6.

마음을 차분하게 가라앉혀주는
활동을 5가지 적어보세요.
차분함이 얼마나 오래 유지되나요?

week 25 년 월 일

Q7.

바라거나 예상한 대로 일이 진행되지 않을 때
어떤 생각과 감정이 드나요?

week 26 년 월 일

Q1.

누군가 나에게 베풀어준
가장 큰 친절은 무엇인가요?
그것을 지금까지 기억하는 이유가 있나요?

week 26 년 월 일

Q2.

가장 최근에 누군가가 나를
웃게 해준 일을 적어보세요.

년 월 일

Q3.

친구나 가족과 함께하는
완벽한 하루를 묘사해보세요.

week 26 년 월 일

Q4.

가장 최근에 나를 챙겨준 사람에게
감사한 마음을 적어보세요.
편지지에 옮겨 적어 우편으로 전달하세요.

년 월 일

Q5.

처음 만난 사람에게 물어보면 좋을 만한 질문 5가지를 적어보세요.

week 26 년 월 일

Q 6.

오랜 친구 한 명과 시간을 보낼 수 있다면
누구와 어디에 갈 건가요?
무슨 이야기를 나누고 싶나요?

년 월 일

Q7.

현재 또는 미래의 연인이나 배우자와
함께하는 완벽한 데이트는 어떤 모습일까요?

week 27 년 월 일

Q1.

오늘 몸과 마음의 컨디션을
1~10의 점수로 표현해보세요.
점수를 올리려면 어떻게 해야 할까요?

①	②	③	④	⑤	⑥	⑦	⑧	⑨	⑩

년 월 일

Q2.

햇볕이 쨍쨍한 날과 흐린 날 중
어느 날을 선호하나요?
그 이유는 무엇인가요?

week 27 년 월 일

Q3.

먹으면 기분이 좋아지고 힘이 나는
음식을 적어보세요.

년 월 일

Q4.

편안하게 휴식을 취하기에 완벽한 방은
어떤 모습일지 묘사해보세요.

week 27 년 월 일

Q 5.

집에 테니스 코트, 대형 수영장,
최신식 헬스장 중에서
하나를 둘 수 있다면 무엇을 선택하고 싶은가요?
그 이유는 무엇인가요?

년 월 일

Q 6.

공포를 이겨낼 수 있다면 꼭 도전해보고 싶은
활동 3가지는 무엇인가요?

week 27 년 월 일

Q7.

만족스러운 한 주를 보낼 때
드는 기분을 적어보세요.

week 28 년 월 일

Q1.

목표를 위해 노력할 때 어디에서 동기를
얻는 편인가요? 그 이유는 무엇인가요?

week 28 년 월 일

Q2.

두렵거나 불안한 상황에 놓였을 때
기분이 좋아지기 위해 하는 일을 적어보세요.

년 월 일

Q3.

우울증이나 불안증을 치료할 수 있다면
둘 중 어느 증상에 집중하고 싶은가요?
그 이유는 무엇인가요?

week 28 년 월 일

Q 4.

과거에 이룬 목표 3가지를 적어보세요.
목표 달성에 도움이 되거나 동기를
부여해 준 것은 무엇이었나요?

년 월 일

Q5.

평생 딱 하나의 목표만 달성할 수 있다면
무엇을 이루고 싶나요?

week 28 년 월 일

Q 6.

어제 기록한 목표를 가로막는
걸림돌은 무엇인가요?

년 월 일

Q7.

새로운 도전을 앞두고 머뭇거리는 친구에게
어떤 말로 힘을 보탤 수 있을까요?

week 29 년 월 일

Q1.

지금까지 본 TV 프로그램 중
가장 좋아하는 것은 무엇인가요?
그 이유는 무엇인가요?

년 월 일

Q2.

어떤 상황에서 불안하고 초조해지나요?
그런 상황에 놓였을 때 어떻게
침착해지려고 노력하나요?

week 29 년 월 일

Q3.

이번 주에 스트레스 받은 일을 3가지 적어보세요.
다음에 또 그런 일이 생겼을 때
어떻게 하면 잘 대처할 수 있을까요?

년 월 일

Q4.

어제 쓴 일기를 다시 읽어보고 '스트레스'에게 편지를 써보세요. 어떻게 스트레스를 다스렸고 상태가 나아졌는지 적어보세요.

week 29 년 월 일

Q5.

지난 2주 동안 가장 스트레스 받은 일은
무엇이었나요?
일상으로 돌아오기 위해 어떤 방법을 썼나요?

년 월 일

Q 6.

차분한 분위기를 살리고 효율성도
높이기 위해 작업 공간을 리모델링한다면
어떤 모습일지 묘사해보세요.

week 29 년 월 일

Q7.

주도적인 힘을 키워주는 노래를 3곡 적어보세요.
노래의 어떤 점이 그런 느낌을 주나요?

week 30 년 월 일

Q1.

가장 친한 친구가 좋아하는 것을
5가지 적어보고, 얼마나 정확한지
친구에게 직접 확인해보세요.

week 30 년 월 일

Q2.

어떤 가게에서 무엇이든 살 수 있는
기프트 카드가 있다면 어디에서 무엇을 사서
누구에게 선물하고 싶나요?

년 월 일

Q3.

유명 인사와 공항에서 24시간 동안
발이 묶인다면 누구와 함께하고 싶나요?
어떤 대화를 나누고 싶은지 적어보세요.

week 30 년 월 일

Q4.

내 삶에는 나를 지지해주는 사람들이 있습니다.
그들이 어떤 식으로 나를 지지하고
생각해주는지 5가지를 적어보세요.

년 월 일

Q5.

사랑하는 사람과 이번 주말에 하고 싶은 일을
3가지 적어보세요.

week 30 년 월 일

Q6.

과거에 상처 준 사람에게 사과 편지를 써보세요.
정말로 마음을 전하고 싶다면 편지지에
옮겨 적어 우편으로 보내세요.

년 월 일

Q7.

같은 공동체에 속하는 사람과 함께 보내는
완벽한 하루를 묘사해보세요.

week 31 년 월 일

Q1.

불안하거나 우울할 때 기분을 나아지게
하는 일을 3~5가지 적어보세요.

년 월 일

Q2.

완벽한 점심 식사는 어떤 모습일까요?
장소, 그릇, 음식, 음료까지
자세하게 상상해보세요.

week 31 년 월 일

Q3.

매일 한 끼라도 건강하게 먹기 위해
노력하고 있나요?
더 많은 변화가 필요하지는 않은지
생각해보세요.

년 월 일

Q4.

잠을 푹 자고 있나요?
수면의 질을 높이기 위해 할 수 있는 일을
5가지 적어보세요.

week 31 년 월 일

Q5.

건강을 챙기기 위해 즐겁게 꾸준히 할 수 있는 신체 활동을 5가지 적어보세요.

년 월 일

Q 6.

내가 원하는 능력을 전부 가진 슈퍼 히어로가
나오는 짧은 이야기를 만들어보세요.

week 31 년 월 일

Q7.

어제 쓴 이야기의 슈퍼 히어로가 되려면
내 삶에 어떤 과정이 필요할까요?

week 32 년 월 일

Q1.

현재 내 삶에서 순조롭게 풀리고
있는 일은 무엇인가요?

week 32 년 월 일

Q2.

현재 내 삶에서 잘 풀리지 않는 일을
2문장으로 표현해보세요.
그 문장을 긍정형으로 바꿔보세요.

년 월 일

Q3.

나를 행복하게 해주는 사람이나
장소, 물건을 그려보세요.
그림을 보면서 드는 느낌을 적어보세요.

week 32 년 월 일

Q4.

마음챙김은 현재에 머무르며 주의를 기울이고
주도적인 태도를 갖는 것입니다.
마음챙김의 자세로 목표를 향해
나아가는 방법을 적어보세요.

년 월 일

Q5.

내가 생각하는 완벽한 하루는 어떤 모습인가요?
어떻게 하면 내일이 그런 하루에
가까워질 수 있을까요?

week 32 년 월 일

Q 6.

자기 계발 목표 3가지를 적어보세요.
목표를 이루기 위해 무엇을 실행할 수 있을까요?

년 월 일

Q7.

기억에 남는 순간을 만들기 위해
어떤 노력을 하고 있나요?

week 33 년 월 일

Q1.

우리 동네에서 평화로운 느낌을 주는 장소를 3곳 적어보세요.

년 월 일

Q2.

집 안에서 가장 평온함이 느껴지는
장소는 어디인가요?
더 큰 평온함을 느끼기 위해 그곳에서
할 수 있는 일은 무엇인가요?

week 33 　년 　월 　일

Q3.

집에서 가장 아끼는 물건은 무엇인가요?
그 물건이 소중한 이유를 적어보세요.

년 월 일

Q4.

심호흡을 한두 번 하고 나서 무엇이 내게
평온함을 가져다주는지 적어보세요.

week 33 년 월 일

Q5.

내가 기분 좋을 때의 모습을 친구들은
어떻게 표현할까요?

년 월 일

Q 6.

내가 입는 옷을 떠올려보세요.
어떤 색깔의 옷을 가장 자주 입는지,
어떤 색깔이 가장 편안한지, 자신감을 느끼게
해주는 색깔은 무엇인지 적어보세요.

week 33 년 월 일

Q7.

최근에 울었던 일이 있나요?
다 울고 나서 어떤 기분이
들었는지 적어보세요.

week 34 년 월 일

Q1.

가장 친한 친구 2명은 누구인가요?
친구들의 성격은 어떠한지,
어떤 느낌을 주는지 적어보세요.

week 34 년 월 일

Q2.

슬플 때 누구에게 연락하나요?
그 사람의 어떤 말이나 행동이 기분을
나아지게 만들어주나요?

년 월 일

Q3.

둘이서 또는 여럿이 함께하는 활동 중에서
슬프거나 불안할 때 도움이 되는 것은 무엇인가요?

week 34 년 월 일

Q4.

이번 달에 친구와 함께 경험해보고
싶은 일을 3가지 적어보세요.

년 월 일

Q5.

존경하는 사람의 도움으로 도달하고 싶은
목표가 있나요?
어떻게 하면 현실로 만들 수 있을까요?

week 34 년 월 일

Q 6.

가까운 사람 5명의 이름을 적어보세요.
그들에게 고마운 마음을 전하기 위해
내가 해줄 수 있는 것이 있을까요?

년 월 일

Q7.

최근에 연락이 뜸한 친구에게
안부 인사를 적어보세요.
이메일이나 문자도 괜찮고
편지지로 옮겨 적어 전달해도 좋아요.

week 35 년 월 일

Q1.

나의 수면 습관을 1~10의 점수로 표현한다면
몇 점일까요? 낮은 점수가 나왔다면
무엇이 문제인지 생각해보세요.

①	②	③	④	⑤	⑥	⑦	⑧	⑨	⑩

년 월 일

Q2.

숙제나 업무 하나를 오늘 당장 해치울 수 있다면 무엇을 해치우고 싶은가요? 그 이유는 무엇인가요?

week 35 년 월 일

Q3.

바람 부는 날, 비 오는 날, 맑은 날,
쌀쌀한 날에 각각 어떤 기분을 느끼나요?

년 월 일

Q4.

해보고 싶은 활동이나 취미가 있다면 무엇인가요?
그 활동의 어떤 점이 마음에 드나요?

week 35 년 월 일

Q5.

이번 주에 걱정거리가 있나요?
걱정을 없애려면 무엇을 실행해야 할까요?

년 월 일

Q6.

가장 좋아하는 요일은 언제인가요?
보통 그날 무엇을 하나요?

week 35 년 월 일

Q7.

오늘 가장 하고 싶은 것은
무엇인지 이유와 함께 적어보세요.

week 36 년 월 일

Q1.

이번 주에 이루고 싶은
단기 목표는 무엇인가요?

week 36 년 월 일

Q2.

가장 좋아하는 긍정적인
생각이나 확언을 써보세요.
일상에서 얼마나 자주 활용하고 있나요?
어떻게 하면 앞으로 더 자주 활용할 수 있을까요?

년 월 일

Q3.

좀 더 통제하고 싶은 영역이 있나요?
만약 그것을 통제할 수 있다면
지금과 무엇이 달라질까요?

week 36 년 월 일

Q4.

세계적인 지도자와 점심을 먹을 수 있다면
누구를 선택하고 싶은가요?
무슨 이야기를 나누고 싶나요?

년 월 일

Q5.

내가 사는 곳에 일어나기를 바라는 변화가 있나요?
내가 노력할 수 있는 부분이 있다면 무엇인가요?

week 36 년 월 일

Q 6.

주변 사람들과 관계가
더 돈독해질 수 있도록 목표를 세워보세요.

년 월 일

Q7.

앞으로 해야 할 활동이나 계획 중에서
내일이 기다려지는 무언가가 있나요?
그 이유는 무엇인가요?

week 37 년 월 일

Q1.

마음이 미래로만 향하면 불안해질 수 있습니다.
어떻게 하면 지금 이 순간에
주의를 기울일 수 있을까요?

년 월 일

Q2.

불안과 스트레스의 원인을 생각해보세요.
어떻게 하면 불안과 스트레스를 줄일 수 있을까요?

week 37 년 월 일

Q3.

극심한 공포나 공황 발작을 겪은 적이 있나요?
그 상황을 어떻게 이겨냈나요?

년 월 일

Q4.

더 강해지는 법을 배운 경험이 있나요?
그때의 상황이나 깨달음을 자세히 적어보세요.

week 37 년 월 일

Q5.

입으면 편안함이 느껴지고
안심이 되는 옷이 있나요?
그 옷을 얼마나 자주 입나요?

년 월 일

Q 6.

다른 사람의 기분을 편안하게 해주면
나의 하루도 나아집니다.
어떻게 하면 주변 사람의 마음이 차분하게
가라앉도록 도울 수 있을까요?

week 37 년 월 일

Q7.

이번 주에 기분을 좋게 해준
일상 속 작은 사건을 떠올려보세요.
다시 경험하고 싶은 순간은 언제인가요?

week 38

년 월 일

Q1.

가깝지만 한 달 넘게 만나지 못한 사람이 있나요?
다음에 만나면 어떤 말을 건네고
무엇을 하고 싶은가요?

week 38 년 월 일

Q2.

같이 있으면 특히 마음이 편안해지는
친구나 가족이 있나요?
왜 그 사람과 있으면 안심이 되는지 적어보세요.

년 월 일

Q3.

가장 친한 친구와 마지막으로
나눈 대화는 무엇인가요?

week 38 년 월 일

Q 4.

재미있고 활발한 친구와
차분하고 조용한 친구 중에서
누구와 보내는 시간이 더 좋은가요?
그 친구의 어떤 점이 좋은지 생각해보세요.

년 월 일

Q5.

둘이서 또는 여럿이 함께하는 활동 중에서 우울할 때 기분 전환에 도움이 되는 것은 무엇인가요?

week 38 년 월 일

Q 6.

지금까지 받아본 최고의 선물은 무엇인가요?
내가 누군가에게 준 최고의 선물은 무엇인가요?

년 월 일

Q7.

친한 친구와 함께한
재미있는 일화를 적어보세요.
최근에 있었던 일도 좋고
오래전에 있었던 일도 좋습니다.

week 39 년 월 일

Q1.

건강한 정신을 위해 할 수 있는 일을
5가지 적어보세요.

년 월 일

Q2.

최근에 스트레스가 심했던 일을 적어보세요.
스트레스의 원인이 누구 때문인지, 또는
무엇 때문인지 곰곰이 생각해보세요.

week 39 년 월 일

Q3.

최근에 나의 건강과 행복을 위해
실행한 일은 무엇인가요?

년 월 일

Q4.

작년에 실천한 건강한 습관은 무엇인가요?
여전히 실천하고 있나요?

week 39 년 월 일

Q5.

더 나은 사람이 되고 싶게 만드는 사람이 있나요?
하루를 같이 보낼 수 있다면
무엇을 하고 싶은지도 적어보세요.

년 월 일

Q 6.

슬픔이나 불안, 두려움에 사로잡혔을 때
몸에 나쁜 음식을 먹는 등 건강에
나쁜 선택을 하지 말아야 한다는 사실을
어떻게 되새길 수 있을까요?

week 39 년 월 일

Q7.

나의 건강 목표를 이루지 못하게
방해하는 부정적인 생각은 무엇인가요?

week 40 년 월 일

Q1.

이번 주가 순조롭게 흘러가도록
스스로 조정할 수 있는 일이 있나요?

week 40 년 월 일

Q2.

상황이 기대와 다르게 흘러갈 때
속으로 되새길 수 있는
긍정적인 말은 무엇인가요?

년 월 일

Q3.

내가 가진 여러 삶의 목표 중에서
오늘의 1순위 목표는 무엇인가요?

week 40 년 월 일

Q4.

2년 후에 어디에 있고 싶나요?
내가 무엇을 하고 있기를 바라나요?

년 월 일

Q5.

목표를 향해 열심히 나아가는 사람의
멘토가 된다면 어떤 조언을
해주고 싶나요?

week 40 년 월 일

Q6.

아침이나 저녁 루틴에 작지만
의미 있는 일을 추가해보세요.

년 월 일

Q7.

목적의식을 느낄 수 있는
다음 주 목표를 세워보세요.

week 41 년 월 일

Q1.

도저히 감당할 수 없을 것 같은 상황에
놓였을 때 어떤 방법으로 마음을 차분하게
가라앉히고 머리를 맑게 해 앞으로 나아가나요?

년 월 일

Q2.

나 자신이 우선순위가 되도록
이번 주에 거절해야 하는 일 3가지는
무엇인지 적어보세요.

week 41 년 월 일

Q3.

어떻게 하면 집을 좀 더 평화로운 공간으로
만들 수 있을까요?
구체적인 방법을 적어보세요.

년 월 일

Q4.

불안감을 느끼는 상황을 3가지 적어보세요.
이런 상황을 피하려고 하는 편인가요?
이때 불안을 다스릴 수 있는 방법은 무엇일까요?

week 41 년 월 일

Q5.

내일 오후에 일을 쉬고 돈이 들지 않는
즐거운 활동을 할 수 있다면 무엇을 할 건가요?

년 월 일

Q 6.

힘든 일을 이겨내고 다시 일어나는
자신에 대한 자랑스러운 마음을 표현해보세요.

week 41 년 월 일

Q7.

이번 주 스스로에게 좋은 기분을
느꼈던 일이나 활동을 2가지 적어보세요.

week 42 년 월 일

Q1.

어떻게 하면 좀 더 긍정적인 마음을
갖고 가장 중요한 사람인 나 자신과의
관계를 개선할 수 있을까요?

week 42 년 월 일

Q2.

이번 주 사람들과 친밀감을 높이기 위해
실천해볼 인간관계 기술은 무엇이 있을까요?

년 | 월 | 일

Q3.

사랑하는 나의 사람들을
칭찬하는 방법을 적어보세요.
실행에 옮길 수 있는 아이디어여야 합니다.

week 42 년 월 일

Q4.

도움을 간절히 필요로 하는 사람이 많습니다.
내가 도울 수 있는 일은 무엇이 있을까요?

년 월 일

Q5.

친구들과 무엇을 할 때 진정한 행복을
느끼는지 적어보세요.

Q 6.

우정의 기브 앤 테이크(give and take)에
관해 생각해보세요.
어떻게 하면 더 좋은 친구가 될 수 있을까요?

년 월 일

Q7.

친구나 가족과 함께 즐길 수 있고
모두에게 이로운 자기 돌봄의 행동에는
무엇이 있을까요?

week 43 년 월 일

Q1.

감당하기 어려운 상황이 닥치지 않도록
경계를 정해두는 편인가요?
일상 속에서 스스로 지켜야 할 선을
그어두었나요?

년 월 일

Q2.

세상에는 에너지 뱀파이어가 있습니다.
마음의 에너지를 고갈시켜 지치게 만드는
사람으로부터 나를 지키는 방법은 무엇일까요?

week 43 년 월 일

Q3.

가장 행복하고 건강했던 때는 언제인가요?
그때 했던 것 중에서 지금 하고 있지 않은 것은
무엇인지 적어보세요.

년 월 일

Q 4.

영양이 풍부한 식단을 짜보세요.
내일 이 식단을 실천할 수 있을까요?
어렵다면 어떤 재료가 필요할지
장보기 목록부터 작성해보세요.

week 43 년 월 일

Q5.

몸과 마음의 건강에 모두 좋은 일을
하고 있다고 생각하나요?

년 월 일

Q 6.

외부의 부정적인 영향으로부터
자신을 지키는 전략을 써보세요.

week 43 년 월 일

Q7.

술이나 담배를 하나요?

건강에 좋은 다른 습관으로 대체할 수 있을까요?

week 44 년 월 일

Q1.

삶의 목적이란 무엇일까요?
나만의 정의를 내려보세요.

week 44 년 월 일

Q2.

지금까지 살면서 일어난
가장 중요한 사건을 2가지 적어보세요.
그 일이 목적의식에 어떤 영향을 주었나요?

년 월 일

Q3.

이번 주말에 이루면 기분이 좋아질
목표를 하나 정해보세요.

week 44 년 월 일

Q 4.

최근에 기쁨을 가져다준
크고 작은 성취는 무엇인가요?

년 월 일

Q5.

이번 주에 이룬 가장 자랑스러운
성취는 무엇인가요?

week 44 년 월 일

Q 6.

이루고 싶은 것을 전부 떠올려보세요.
그중에서 가장 중요한 단기 목표는 무엇인가요?
그 목표가 나에게 왜 중요한가요?

년 월 일

Q7.

어제 기록한 목표를 이루려면
어떤 과정이 필요한가요?

week 45 년 월 일

Q1.

계속 머무르고 싶을 정도로 평화로운
기분이 들었던 장소가 있나요?

년 월 일

Q2.

매일 저녁에 실천할 수 있는 휴식과
숙면에 도움 되는 일을 3가지 적어보세요.

week 45 년 월 일

Q3.

지금까지 꾼 가장 기분 좋은 꿈은 무엇인가요?
어떤 기분을 느꼈나요?

년 | 월 | 일

Q4.

가장 최근에 행복했던 순간을 떠올려보세요.
어떤 일이었는지 자세히 적어보세요.

week 45 년 월 일

Q5.

최근에 힘들었던 상황을 돌이켜보세요.
그 순간에 어떻게 평정을 유지했나요?
또는 나중에 평정을 되찾았던 방법을 적어보세요.

년 월 일

Q 6.

고요하고 평화로운 느낌을 주는 노래를
3곡 적어보세요.

week 45 년 월 일

Q7.

힘든 일이 있을 때 얼마나 빨리 털고 일어나나요?
겪고 나서 회복력이 좋아졌다고 느낀
사건이나 상황이 있나요?

week 46 년 월 일

Q1.

사랑하는 누군가와 관계를
개선할 방법이 있나요?

week 46 년 월 일

Q2.

용서해야 할 사람이 있나요?
어떻게 하면 용서할 수 있을까요?

년 월 일

Q3.

원한은 사라지지 않고 계속 남아 있는 억울한 감정입니다. 누군가를 향한 원한을 어떻게 내려놓을 수 있을까요? 그저 거리를 두면 해결되는 문제일지도 모릅니다.

week 46 년 월 일

Q4.

가장 존경하는 사람은 누구인가요?
그 사람의 특징은 무엇인가요?

년 월 일

Q 5.

가장 고마운 사람을 3명 적어보세요.
그들이 나에게 무엇을 해주었나요?

week 46 년 월 일

Q 6.

어제 떠올린 사람들에게 고마운 마음을
직접 표현하는 방법은 무엇이 있을까요?

년 월 일

Q7.

중요하게 생각하는 대의가 있나요?
힘을 보탤 방법이 있을까요?

week 47 년 월 일

Q1.

꼭 해야 하는 일 가운데 스트레스를
유발하는 일을 5가지 적어보세요.
어떻게 대처할 수 있을까요?

년 월 일

Q2.

정신 건강은 어떻게 지킬 수 있다고 생각하나요?
나의 의견을 적어보세요.

week 47 년 월 일

Q3.

나를 찬찬히 둘러보세요.
현재 나의 정신 건강은 어떤 상태인가요?

년 월 일

Q4.

심리 치료사에게 내 정신 건강에 관해
말한다면 무슨 이야기를 하고 싶은가요?

week 47 년 월 일

Q5.

만약 사랑하는 사람이 심리 상담을
어떻게 생각하는지 묻는다면
뭐라고 대답할 건가요?

년 월 일

Q 6.

오늘의 감정 상태를 설명해보세요.
특별히 두드러지는 감정이 있나요?

week 47 　년　월　일

Q7.

마음의 건강이 중요하다는 점을
강조하고 관심을 기울여야 하는 이유를
담아서 자신에게 짧은 편지를 써보세요.

week 48 년 월 일

Q1.

3년 전과 비교해 삶이 어떻게 달라졌나요?
달라진 이유는 무엇인가요?

week 48 년 월 일

Q 2.

기억에 남는 영감이나
동기 부여에 관한 명언이 있나요?
기억에 남는 이유는 무엇인가요?

년 월 일

Q3.

목표를 위해 열심히 달려가다가
방해물에 부딪히면 어떤 기분이 드나요?

week 48 년 월 일

Q 4.

지난해에 깨달은 교훈 중
나에게 가장 큰 영향을 미친 것은
무엇인가요?

년 월 일

Q5.

꼭 읽고 싶은 책이나 보고 싶은 영화가 있나요?
어떤 점에서 그런 생각이 드나요?

week 48 년 월 일

Q 6.

하려고 했던 일을 끝내기에 주말만큼
좋은 시간도 없습니다.
이번 주말에 꼭 끝내고 싶은 일이 있다면
무엇인가요? 어떤 방법으로 할 건가요?

년 월 일

Q7.

단체나 지역사회를 위해 봉사할 수 있는
시간적 여유가 생긴다면 어떤 봉사 활동이
가장 보람 있을까요? 그 이유는 무엇인가요?

week 49 년 월 일

Q1.

내려놓고 싶은 부정적인 생각을 하나 떠올리세요.
그 생각에서 벗어나기 위해
취할 수 있는 행동을 적어보세요.

년 월 일

Q 2.

불안과 초조함을 느낀 경험을 적어보세요.
신체적으로나 심리적으로
어떤 경험을 했나요? 그때로 돌아간다면
어떻게 다르게 대처할 건가요?

week 49 년 월 일

Q3.

만약 사랑하는 사람에게 부정적인 생각이나
불안한 감정을 털어놓으면
그 사람이 어떤 말을 할 것 같은가요?

년 월 일

Q 4.

심호흡은 마음을 진정시켜주는 좋은 방법입니다.
얼마나 자주 깊은 숨을 쉬나요?
심호흡을 하기 전과 후의 느낌을 적어보세요.

week 49 년 월 일

Q 5.

무엇이 가장 두려운가요?
그 두려움을 없애는 시도를 해본 적 있나요?

년 월 일

Q 6.

내가 느끼는 두려움이 과연 현실적인지
곰곰이 생각하고 증거를 찾아서 써보세요.

week 49 년 월 일

Q7.

호흡, 마음챙김, 명상은 모두 두려움을
줄여줍니다. 불안을 줄여주는 다른 도구를
들어보거나 실행해본 적이 있나요?

week 50 년 월 일

Q1.

사랑하는 사람과 관계를 개선하기 위해
노력할 수 있는 방법을 5가지 적어보세요.

week 50 년 월 일

Q2.

에너지를 고갈시키는 사람들에게
어떻게 선을 그어야 할까요?

년 월 일

Q3.

죄책감을 자극해 하고 싶지 않은 일을
하게 만드는 사람을 거절할 수 있나요?
가능하거나 가능하지 않은 이유를 적어보세요.

week 50 년 월 일

Q4.

같이 시간을 보내는 사람들을 행복하게
해주기 위해 내가 할 수 있는 일은 무엇인가요?

년 월 일

Q5.

누군가와 쉽지 않은 대화를 나누어야 할 때
생각만으로도 긴장된다면 긴장감을
줄이는 방법에는 무엇이 있을까요?

week 50 년 월 일

Q 6.

TV 드라마나 영화 주인공 중에 닮고 싶은 인물이 있나요? 그의 말이나 행동을 떠올려보고 어떻게 하면 닮아갈 수 있을지 생각해보세요.

년 월 일

Q7.

가까운 시일에 가족이나 친구들과
함께할 수 있는 활동을 5가지 적어보세요.

week 51 년 월 일

Q1.

작년에 건강한 생활습관을 가로막은
가장 큰 방해물은 무엇이었나요?

년 월 일

Q 2.

어제 기록한 방해물을 어떻게 이겨냈는지 적어보세요. 아직 해결하지 못했다면 앞으로 어떻게 이겨낼 수 있을까요?

week 51 년 월 일

Q3.

현재 마음의 건강 상태를
최대한 자세하게 적어보세요.

년 월 일

Q 4.

건강한 삶을 위해 내년에도
계속하고 싶은 일은 무엇인가요?

week 51 　　년　　월　　일

Q5.

일기 쓰기가 더 행복한 삶에
도움이 되었나요?

년 월 일

Q 6.

새로운 습관으로 만들고 싶은
신체 활동은 무엇인가요?
이유도 함께 적어보세요.

week 51 년 월 일

Q7.

스트레스를 덜 받기 위해
앞으로 할 수 있는 일은 무엇인가요?

week 52　　년　월　일

Q1.

가장 최근에 이룬 일을 떠올려보세요.
그 성취가 자랑스러운 이유를 담아
자신에게 편지를 써보세요.

week 52 년 월 일

Q2.

내년에 무엇이든 이룰 수 있다면
무엇을 이루고 싶나요?

년 월 일

Q3.

단기 목표를 이루기 위해
어떤 준비를 시작할 건가요?

week 52 년 월 일

Q4.

처음 일기를 쓰기 시작했을 때와
지금의 감정 상태를 비교해보세요.
가장 큰 차이는 무엇인가요?

년 월 일

Q5.

이 일기를 끝내고 매일 기분을
끌어올리기 위해 사용할 수 있는
긍정 확언 5가지를 적어보세요.

week 52 년 월 일

Q 6.

크게 심호흡을 한 번 하고 이 일기를 쓰는 동안
이룬 것을 전부 떠올려보세요.
그중에서 가장 중요한 5가지를 적어보세요.

년 월 일

Q7.

365일 일기 쓰기에 성공한 자신에게
축하 메시지를 적어보세요.
마음껏 자랑스러워해도 된답니다.

end 년 월 일

Q.

여기까지 오느라 수고하셨습니다.
365일 마음챙김 여정은 어떠셨나요?
이 일기를 쓰면서 가장 기억에
남는 일이 있다면 무엇인가요?

삶은 복잡하지 않다.
우리가 복잡할 뿐이다.
삶은 단순하고, 단순한 것이 옳은 것이다.

✦

오스카 와일드 Oscar Wilde

옮긴이 **정지현**

스무 살 때 남동생이 부탁해 두툼한 신디사이저 사용 설명서를 번역해준 것을 계기로 번역의 매력과 재미에 빠졌다. 현재 미국에 거주하며 출판번역 에이전시 베네트랜스 전속 번역가로 활동 중이다. 옮긴 책으로는 『콜 미 바이 유어 네임』 『파인드 미』 『우리는 모두 죽는다는 것을 기억하라』 『에이번리의 앤』 『오페라의 유령』 등이 있다.

하루 한 줄 마음챙김 일기
Q&A 365 DIARY

1판 1쇄 발행 2023년 10월 27일
1판 6쇄 발행 2025년 1월 3일

지은이 신시아 캐칭스
옮긴이 정지현
발행인 박명곤 **CEO** 박지성 **CFO** 김영은
기획편집1팀 채대광, 김준원, 이승미, 김윤아, 백환희, 이상지
기획편집2팀 박일귀, 이은빈, 강민형, 이지은, 박고은
디자인팀 구경표, 유채민, 윤신혜, 임지선
마케팅팀 임우열, 김은지, 전상미, 이호, 최고은

펴낸곳 (주)현대지성
출판등록 제406-2014-000124호
전화 070-7791-2136 **팩스** 0303-3444-2136
주소 서울시 강서구 마곡중앙6로 40, 장흥빌딩 10층
홈페이지 www.hdjisung.com **이메일** support@hdjisung.com
제작처 영신사

"Curious and Creative people make Inspiring Contents"
현대지성은 여러분의 의견 하나하나를 소중히 받고 있습니다.
원고 투고, 오탈자 제보, 제휴 제안은 support@hdjisung.com으로 보내 주세요.

현대지성 홈페이지

이 책을 만든 사람들
기획 이승미 **편집** 이지은, 이은빈 **디자인** 구혜민

값 16,800원
ISBN 979-11-397-1611-5 03100